BEI GRIN MACHT SICH IHR WISSEN BEZAHLT

Organisationsentwicklung und Führung. Führung kann Veränderung

Josef Tischmacher

Bibliografische Information der Deutschen Nationalbibliothek:

Die Deutsche Nationalbibliothek verzeichnet diese Publikation in der Deutschen Nationalbibliografie; detaillierte bibliografische Daten sind im Internet über http://dnb.d-nb.de abrufbar.

ISBN: 9783346709554
Dieses Buch ist auch als E-Book erhältlich.

© GRIN Publishing GmbH
Nymphenburger Straße 86
80636 München

Druck und Bindung: Books on Demand GmbH, Norderstedt Germany
Gedruckt auf säurefreiem Papier aus verantwortungsvollen Quellen

Das Buch bei GRIN: https://www.grin.com/document/1266513

Organisationsentwicklung und Führung

Studiengang: MBA Digital Transformation

LV / Modul: Human Resource Management – Organisationsentwicklung und Organisationsdiagnostik

Name: Josef Tischmacher

Datum: 18.07.2022

Inhaltsverzeichnis

Tabellenverzeichnis

Aus Gründen der besseren Lesbarkeit wird auf die gleichzeitige Verwendung männlicher und weiblicher Sprachformen verzichtet. Sämtliche Personenbezeichnungen gelten gleichermaßen für beiderlei Geschlecht bzw. geschlechtsunabhängig.

1 Der Unterschied zwischen Organisationentwicklung und Führung

Um zwischen der Thematik Organisationsentwicklung und der sich wandelnden Kompetenz von Führung unterscheiden zu können, ist ein tieferer Einblick in die beiden Themenfelder durchaus dienlich. Derweil eignet sich die Einbettung der Organisationsentwicklung gleichermaßen zur Abgrenzung als auch zur Darstellung der Parallelen in Bezug auf moderne Führung.

1.1 Definition und Idee der Organisationsentwicklung

Es finden sich unzählige Definition rund um die Thematik Organisationsentwicklung (OE). Dabei fokussieren die Versuche jeweils auf die dahinterstehenden Schwerpunkte. Je nach ausgewählter Plattform erstreckt sich der Inhalt über verschiedene Bereiche, wobei eine vollumfängliche Definition wohl kaum darzustellen ist. Dies hängt insbesondere damit zusammen, dass der Begriff der Organisation ebenso schwer zu fassen ist. Im Folgenden werden zweierlei Definitionen betrachtet, um auf diesem Weg die Aufgabe der OE zumindest in einen Rahmen zu fassen.

Die Plattform personalwirtschaft.de definiert OE folgendermaßen:

„Organisationsentwicklung (OE) ist ein Sammelbegriff für eine geplante, systematische und zielorientierte Veränderung der organisatorischen Strukturen und Prozesse sowie des Verhaltens der Mitarbeiter eines Unternehmens mit Hilfe sozialwissenschaftlicher Methoden. Die OE ist als langfristiger Lern- und Entwicklungsprozess zu verstehen, der eine Veränderung von betrieblichen Ziel- und Entscheidungsstrukturen nach sich zieht. Ziel ist die Steigerung der Leistungsfähigkeit des Unternehmens."[1]

Die *Association for Talent Development* betten den Begriff derart ein:

„Organization development (OD) is an effort that focuses on improving an organization's capability through the alignment of strategy, structure, people, rewards, metrics, and management processes. It is a science-backed, interdisciplinary field rooted in psychology, culture, innovation, social sciences, adult education, human resource management, change management, organization behavior, and research analysis and design, among others.

---

[1] personalwirtschaft.de, „Organisationsentwicklung".

Organization development involves an ongoing, systematic, long-range process of driving organizational effectiveness, solving problems, and improving organizational performance. It is also one of the capabilities identified in the Talent Development Capability Model."[2]

Die Interdisziplinarität verdeutlicht die verschiedenen Facetten der Organisationsentwicklung. Dabei fallen soziale Interaktionen und die Betonung der „menschlichen Ressource" besonders ins Gewicht. Die Agilität des wirtschaftlichen Umfelds erfordert eine schnelle Adaptionsfähigkeit der Unternehmen. Rein technische Anpassungen, wie die Erhöhung der Skalierbarkeit in der IT, können derweil schnell und ohne Gegenwind durchgeführt werden. Immer dann, wenn eine notwendige Veränderung jedoch Auswirkungen auf die Struktur, die Abläufe, die Zusammenarbeit der Abteilungen, das Zusammenspiel der Prozesse und somit auf Bereiche haben, in denen Menschen tätig sind und interagieren, ist höchste Sensibilität in der Umsetzung erforderlich. Software kann problemlos umgeschrieben werden, den einzelnen Mitarbeiter auf den Weg der Entwicklung mitzunehmen, erscheint in diesem Rahmen eine deutlich größere Herausforderung darzustellen.

1.2 Die Notwendigkeit der Führung

Führung selbst unterliegt seit einigen Jahren einem massiven Wandel. Das klassische und teils starre Top-Down-Management mit eingefahrenen Machtstrukturen hat ausgedient. Vorgesetzte, die sich nicht auf Augenhöhe der Belegschaft bewegen, werden ähnlich schlechte Zukunftsaussichten haben. Eine moderne Führungskraft sieht sich heute als Leader, als jemand, der das bestmögliche aus den Mitarbeitern herausholt. Dabei spielen *Social Skills* eine immer wichtigere Rolle.

Insbesondere in einem derart schnelllebigen und sich wandelnden (wirtschaftlichen) Umfeld sind hoch kompetente Leader die entscheidenden Faktoren bei der positiven Entwicklung eines Unternehmens und damit der Zukunftssicherung eben dieser. Durch seine Arbeit im Team macht er seine Position als Führungskraft bestenfalls obsolet und unterstützt erst dann wieder, wenn Krisen oder ähnliche Herausforderungen drohen oder zu bewältigen sind.

---

[2] td.org, „What Is Organization Development | The 5 Phases of OD Strategies | ATD".

1.3 Das Zusammenwirken von Organisationsentwicklung und Führung

Und genau an dieser Stelle greifen Führung und Organisationsentwicklung ineinander. Werden in einem Unternehmen notwendige Veränderungen ausgemacht, ist es unabdingbar, die Mitarbeiter in diesen Prozess einzubinden. Als Coach versucht die Führungskraft jeden Einzelnen dort abzuholen, wo dieser gerade steht. In der Gemeinschaft werden Lösungen für Problemstellungen erörtert und eingeführt. Als Supervisor erkennt der Leader sich anbahnende Krisen und sorgt durch eine transparente Kommunikation für deren Bewältigung. Er ist hauptverantwortlich für die Umsetzung des lebenslangen Lernens und schließt so die sich auftuenden (Wissens-)Lücken bei Veränderungsprozessen. Darüber hinaus besitzt der Leader ausreichend Kompetenz, um herauszufinden, welcher Mitarbeiter die notwendige Veränderung nicht mitgehen kann oder will und findet entsprechende Lösungen.

Neben den Kompetenzen, die eine moderne Führungskraft mitbringen muss, um Organisationsentwicklung gewährleisten zu können, ist diese klar von der Personalentwicklung abzugrenzen. Häufig findet die OE eine Einbettung in den Themenbereich *Human Resources*. Diese Verknüpfung ist dahingehend sinnvoll, da Konfliktpotenzial bei Veränderungen insbesondere bei den „menschlichen Ressourcen" angesiedelt werden können. Eine erfolgreiche Weiterentwicklung einer Organisation hin zur Erreichung der strategischen Ziele und damit schlussendlich zur Sicherung der Geschäftstätigkeit bedarf jedoch einen erweiterten Blick. Neben den menschlichen Aspekten und deren Auswirkungen auf die Organisation müssen auch Effektivität, Effizienz, Kennzahlenerreichung und somit die Profitabilität einer Unternehmung zwingend im Blickfeld aller Mitarbeiter sein.

Dabei wird deutlich, dass Führungskräfte nicht mehr zwingend einer Abteilung zugeordnet werden müssen. Die Kompetenzen zur Weiterentwicklung von Teams und Organisationen sind mannigfaltig. Die Umsetzung operativer Aufgaben in der Schnittstelle zur normativen und strategischen Ebene ermöglicht es modernen Leadern zwischen Teams und Abteilungen zu wechseln und immer dann tätig zu werden, wenn diese ihre Ziele aus dem Blick verlieren. Als Mehrwert dieses Vorgehens könnte ein weiteres notwendiges Aufbrechen des klassischen Silodenkens stattfinden.

2 Organisationsdiagnostik in der stationären Altenhilfe

Die Organisationsdiagnostik (OD) liefert die Grundlage der Organisationentwicklung und begründet den Einstieg in den Veränderungsprozess. Dabei wird insbesondere durch die Sammlung von Daten versucht herauszufinden, an welchen Stellen Prozesse weiterentwickelt werden müssen oder sonstige Adaptionen notwendig sind.

2.1 Organisationsdiagnostik-Instrumente im Gesundheitswesen

Der praktische Bezugspunkt der Hausarbeit richtet sich auf die Umformung eines Trägers der stationären Altenhilfe zu einer gemeinnützigen GmbH hin (gGmbH). Im Rahmen dieser Änderung der Rechtsform bedarf es einer Analyse der Organisation, um etwaige Veränderungspotenziale identifizieren und anstoßen zu können. Da die Gewinne einer gGmbH häufig dem Satzungszweck zufließen (müssen), steht die Steigerung des Profits nicht an erster Stelle. Neben der MTO-Analyse (Mensch, Technik, Organisation) kommen soziometrische Verfahren und der Copenhagen Psychosocial Questionaire zum Einsatz. Dem technischen Aspekt der MTO-Analyse kommt im Bereich der Altenhilfe nur eine geringe Bedeutung zu, wohingegen im medizinischen Bereich deren Heranziehung eine immer wichtigere Rolle spielt.

Tabelle 1: Instrumente der Organisationsdiagnostik

Instrument der OD und Beschreibung	Praktische Anwendung
MTO-Analyse analysiert Mensch, Technologie und Organisation	- Die enge Dokumentationspflicht im Gesundheitswesen liefert eine hohe Datenlage, worauf wiederum Analysen begründen können - Betriebsbegehungen, im Sinne der Qualitätssicherung, aber auch die externen Prüfungen durch MDK und FQA können ein dienliches Werkzeug zum Aufdecken von Lücken sein - Verschiedene Interviewformen, z.B. Mitarbeiter- oder Patientenbefragungen, können das subjektive Wahrnehmen der Prozesse und deren Qualität aufzeigen - Auf der technischen Ebene kann insbesondere betrachtet werden, wie Arbeitsschritte digitalisiert werden können, um den zeitlichen Druck der Mitarbeiter zu entschärfen

Soziometrische Verfahren analysieren Gruppenprozesse und die Beziehung der Mitarbeiter	- Darstellung der Verflechtungen unter den Mitarbeitern - Zuschreibung von Kompetenzen betrachten und transparent kommunizieren - Aufstellung ermöglicht bspw. die Abfrage der aktuellen Zufriedenheit - Eine Spezialität im Schichtdienstsystem stellt die Nachbesetzung bei Arbeitsunfähigkeit dar. Die Bereitschaft zum gegenseitigen „Einspringen" kann vieles über die sozialen Verflechtungen im Team aussagen (auch der Stellenwert untereinander kann über eine exakte Analyse betrachtet werden)
Copenhagen Psychosocial Questionaire misst die psychosoziale Belastung eines Mitarbeiters	- Mitarbeiterbefragung zur Zufriedenheit - Befragung zur Motivation - Interviews zu (psychischen) Belastungsfaktoren - Feedbackschleifen zur Auslastungssituation und die Betrachtung, ob den Anforderungen in ausreichendem Maß nachgekommen werden kann.

Im Gesundheitswesen arbeiten zumeist Menschen für oder mit Menschen. Daher sollte die Organisationsdiagnostik in erster Linie die Aufgabe erfüllen, Daten rund um die Zufriedenheit und Arbeitsmoral der Mitarbeiter, aber auch der Zufriedenheit der Patienten zu erfassen. Hieraus können notwendig zu ergreifenden Maßnahmen abgeleitet werden. Stellt sich bspw. heraus, dass die Zufriedenheit eines Teams nicht ausreichend gegeben ist, wird sich dies womöglich in der Zufriedenheit der Patienten widerspiegeln, was wiederum ausschlaggebend für die Bewertung der Qualität der Abteilung sein wird. Die engen sozialen Verflechtungen des Gesundheitswesens, in der die Arbeit selbst am Wohlergehen des Klienten gemessen und bewertet werden kann, bedürfen einer engmaschigen Analyse der Prozesse.

Technische Errungenschaften rund um EDV-gestützte Dokumentation aber auch andere Automatisierungen im teils unübersichtlichen „Orga-Wahn" können dabei begrenzt zur Verfügung stehende zeitliche Ressourcen freilegen und den zeitlichen Druck der Mitarbeiter entschärfen. Die Organisationsdiagnostik kann dabei unterstützen, z.B. durch Beobachtung oder Experteninterviews (dabei können die Mitarbeiter teils bessere Experten darstellen als externe Berater) fehlende Effizienz, aber auch Effektivitätsmängel (insbesondere das Erfüllen unnötiger Aufgaben ohne Mehrwert für den Patienten) aufzudecken und zum Positiven hin zu verändern. Die Einbindung der Mitarbeiter spielt auch hier eine entscheidende Bedeutung.

3 Führung kann Veränderung

Aus eigener Erfahrung in der Altenhilfe kann ich berichten, dass die Organisationsentwicklung einen dringend notwendigen Baustein in der Sicherung der Geschäftstätigkeit einnehmen muss. Nach einiger Zeit als Altenpfleger wurde mir im Anschluss an das Erststudium die Rolle des Heimleiters übertragen. In beiden Verantwortungsbereichen konnte ich großen Aufholbedarf hinsichtlich Effektivität und Effizienz im Alltag der Altenhilfe erkennen. Sowohl als Altenpfleger als auch als Heimleiter war ich auf unterschiedlichen Ebenen der operativen Arbeit tätig, musste mit steigendem Verantwortungsbereich die strategische Entwicklung der Einrichtung mit voranbringen und konnte im Rahmen der Zuarbeit zur Geschäftsleitung ebenso das normative Arbeitsumfeld und -klima mitgestalten. Die Einbettung der Einrichtung in einen großen Träger der Caritas in Kooperation mit einer Ordensgemeinschaft hat dabei derartige Herausforderungen und Hürden mit sich gebracht, dass ich mich nach vier Jahren Tätigkeit als Heimleiter dazu entschieden habe, einer neuen Aufgabe nachzugehen. Dabei sorgten festgefahrene Strukturen und ein stark ausgeprägtes hierarchisches Denken. Hinsichtlich des Menschenbilds zur Motivation lag eher die Haltung der Theorie X nach McGregor zu Grunde.

3.1 Führung auf Augenhöhe

Als 26-jähriger „Chef" war ich zu Beginn meiner Tätigkeit als Heimleiter der Jüngste unter 15 Kolleginnen und Kollegen. Meine Erfahrungen aus der Praxis der Altenpflege habe ich voller Euphorie mit in diese Position gebracht und war stark motiviert, all die guten Ideen, die ich hatte, umzusetzen.

Ich habe mich von vornherein als moderne Führungskraft verstanden und daher versucht den Mitarbeitern auf Augenhöhe zu begegnen. Bei Bewerbungsgesprächen ging es mir nicht darum, Stärken und Schwächen abzufragen, sondern in den wenigen Minuten herauszufinden, welche (Arbeits-)Einstellung mein Gegenüber hat. In Mitarbeitergesprächen waren meine Bereichsleiter anfangs irritiert über die „guten Bewertungen", die ich den Mitarbeitern zugeschrieben habe. Den Abteilungsleitern habe ich an die Hand gegeben, die regelmäßigen Teamsitzung nicht zum Aufzeigen der Schwächen zu nutzen, sondern notwendige Veränderungen in einem gemeinschaftlichen Prozess voranzubringen.

Nach Beendigung meiner Tätigkeit als Heimleiter habe ich über Umwege erfahren, dass die Mitarbeiter meinten, ich wäre kein guter Chef gewesen, da ich zu nett war. Im

Nachgang kann ich gut verstehen, was damit gemeint ist und verstehe zwischenzeitlich, was an meinem Vorgehen kritisch zu betrachten ist.

3.2 Fehlende Erfahrung und Führungskompetenzen

Nach meinem Studium wurde ich mit der Übernahme der Aufgabe des Heimleiters ins kalte Wasser geworfen. Führungserfahrung fehlte mir bis dato komplett und entsprechendes Wissen über notwendige Kompetenzen waren nur rein theoretisch vorhanden. Bei der Umsetzung meiner Ideen von moderner Führung bin ich daher schnell an meine Grenzen gestoßen. Dabei fällt im Nachhinein insbesondere die Tatsache ins Gewicht, dass weder die Bereichs- und Abteilungsleiter noch die Mitarbeiter selbst ausreichend bereit waren, für diesen Wandel.

Statt im Kleinteiligen mit viel Energie und Tag für Tag zu versuchen, all die guten Ideen umzusetzen, hätte ich der Entwicklung mehr Raum und Zeit lassen müssen. Insbesondere eine verbesserte Anbahnung und Einführung meiner Vorstellungen für die mir nachgegliederten Führungskräfte wäre von Nöten gewesen. So wäre es zielführender gewesen, die „Führungsriege" durch Workshops, Teamtage oder vergleichbare Methoden auf einen gemeinsamen Nenner zu bringen, statt die veränderte Einstellung zu Arbeit und Motivation direkt bei den Mitarbeitern anzustoßen. Die fest verankerten, sich über Jahre etablierten Strukturen und Verhaltensmuster insbesondere hinsichtlich Arbeitsmoral und -klima hätten sensibel und in kleinen Schritten zuerst auf Leitungsebene aufgeweicht werden müssen, um diese Veränderung anschließend über die Führungskräfte in den Teams zu verankern.

3.3 Den Mitarbeiter da abholen, wo er ist

In der Reflexion dieser Zeit ist mir bewusst, dass ich (studierter Sozialpädagoge) DAS Motto der Sozialen Arbeit nicht hinreichend berücksichtigt habe. Der einfache Satz „Der Klient sollte da abgeholt werden, wo er steht!" ist gerade in Veränderungsprozessen entscheidender, als er mir zu dieser Zeit bewusst war. Das 6-Phasen-Modell der Veränderung nach Schmidt-Tanger beschreibt hierzu sehr gut, welche Schritte (insbesondere emotionaler Art) notwendig sein können, bis die Sinnhaftigkeit einer Veränderung akzeptiert und ausprobiert werden kann.

Vor allem langjährige Mitarbeiter wurden durch Neuerungen teils völlig aus der Bahn geworfen, fühlten sich unsicher in ihrem Tun, was schließlich die Krankheitstage in die Höhe steigen ließ. Gut gemeinte Benefits, wie die Gestaltung eines Mitarbeiterraums zur Nutzung in den Pausenzeiten, haben anfänglich für mehr Irritation gesorgt, als

dass die Zufriedenheit der Mitarbeiter gestiegen wäre. Angebote zur Gesundheitsprä-
vention (z.B. Yoga) wurden nicht angenommen. Zu Anpassungen, die der Gesetzge-
ber vorgeschrieb, fehlte jegliches Verständnis. Zielvereinbarungen wurden als notwendig zu erfüllendes Übel wahrgenommen. Veränderungen also schon durch die Kultur
der Einrichtung schier nicht möglich.

3.4 Die Stellung der Azubis

Die größte Errungenschaft aus meiner damaligen Tätigkeit liegt in der sich positiv ver-
änderten Wahrnehmung und Stellung der Auszubildenden. Unter großen Mühen, aber
mit Unterstützung der Geschäftsleitung, konnte auf Heimleiterebene der Umgang mit
Auszubildenden und deren Einsatz überarbeitet werden. Dabei musste starker Gegenwind der für die Pflege Verantwortlichen ausgehalten werden. Aussagen wie: „Ausbil-
dungsjahre sind keine Herrenjahre!" oder „Nach vier Wochen Einarbeitung kann die
Auszubildende schon ‚selbst laufen' und eine volle Stelle besetzen!" sind nur Beispiele
der verfestigten Einstellung gewesen.

Gemeinsam mit der Geschäftsführung konnte innerhalb von zwei Jahren ein Konzept
auf die Beine gestellt werden, wie sich der Umgang mit den Auszubildenden (Azubis)
wandeln musste. In einer ersten Stufe wurde vermittelt, dass dem steigende Fachkräf-
temangel nur mit brillanter Arbeit im Ausbildungsbereich entgegengewirkt werden
kann. Azubis sollten als Lernende gesehen und so eingesetzt werden, dass sie die
Teams entlasten. Der Mehrwert der „zusätzlichen Einplanung" war sofort spürbar.
Schnell wurde erkannt, dass für den einzelnen Mitarbeiter deutlich mehr Zeit bleibt,
wenn der Auszubildende zusätzlich im Dienst ist. Der Stellenwert der Azubis veränderte sich, sie waren von vornherein daran interessiert, Verantwortung zu überneh-
men. Jährliche Feste für die Auszubildenden haben den Austausch auch einrichtungs-
übergreifend verbessert. Fertig ausgebildete Fachkräfte haben sich weniger dem einen Haus verbunden gefühlt, sondern sich als Mitarbeiter des Gesamtunternehmens
wahrgenommen, wodurch plötzlich auftretenden Mitarbeiterengpässen besser entgegengewirkt werden konnte.

3.5 Digitalisierung – nein Danke

Einer der Hauptgründe, warum ich die Tätigkeit schlussendlich aufgegeben habe, lag
darin, dass die Geschäftsleitung keinen Willen hin zu mehr Digitalisierung gezeigt hat
und diese – meist aus Kostengründen – abgelehnt hat.

Durch eine EDV-gestützte Dokumentation und Dienstplanung hätten riesige Fortschritte für die Organisation geschaffen werden können. Fachkräfte mussten zur Dienstübergabe im Durchschnitt 100 Handzeichen setzen. Mitarbeiter im mittleren Alter sollten Berichte erstellen, ohne ausreichend schnell am PC schreiben zu können. Dienstpläne mussten aufwändig erstellt und händisch abgerechnet werden.

Wären diese Prozesse automatisiert und somit beschleunigt worden, hätten enormen Effizienzsteigerungen Einzug gehalten. Dies hätte sich wiederum auf die verfügbare Zeit und die Zufriedenheit und Motivation der Mitarbeiter ausgewirkt. Klar, hätte auch hier entsprechende Zeit eingeplant werden müssen, um die Umsetzungen durchzuführen. Doch hätten sicherlich auch langjährig gediente Fachkräfte schnell den Mehrwert aus einer digitalen Dokumentation erkannt. Auf Fehler oder fehlerhafte Eintragungen etwa hätte bereits die Software hingewiesen, nicht die Teamleitung. Dies hätte die gegenseitige Wahrnehmung zu den jeweiligen Kompetenzen in eine positive Richtung entwickelt.

4 Abschluss

Seit meinem Weggang aus dem Bereich der Altenhilfe sind knapp drei Jahre vergangen. Einiges hätte von meiner Seite aus besser in die Wege geleitet, Mitarbeiter genauer verstanden und somit die Organisation positiver entwickelt werden können.

Doch die Bemühungen rund um den Ausbildungsbereich haben sich gelohnt. Vor Kurzem habe ich einen ehemaligen Kollegen getroffen. Im Gespräch hat sich herausgestellt, dass alle freien Ausbildungsplätze seither besetzt sind und mehr Bewerbungen eingehen, als benötigt werden.

So kann auch ich gut mit dieser Zeit abschließen, da ich als junge Führungskraft trotzdem viel gelernt und mitgenommen habe.

Literaturverzeichnis

personalwirtschaft.de. „Organisationsentwicklung". *Personalwirtschaft* (blog). Zugegriffen 17. Juli 2022. https://www.personalwirtschaft.de/themen/organisationsentwick-
lung/.

td.org. „What Is Organization Development | The 5 Phases of OD Strategies | ATD".
Zugegriffen 17. Juli 2022. https://www.td.org/talent-development-glossary-terms/what-
is-organization-development.

BEI GRIN MACHT SICH IHR WISSEN BEZAHLT

- Wir veröffentlichen Ihre Hausarbeit, Bachelor- und Masterarbeit

- Ihr eigenes eBook und Buch - weltweit in allen wichtigen Shops

- Verdienen Sie an jedem Verkauf

Jetzt bei www.GRIN.com hochladen und kostenlos publizieren